¿Qué hace a una familia?

Diana Kenney, M.A.Ed., NBCT

Asesoras

Shelley Scudder
Maestra de educación de estudiantes dotados
Broward County Schools

Caryn Williams, M.S.Ed.
Madison County Schools
Huntsville, AL

Créditos de publicación

Dona Herweck Rice, *Jefa de redacción*
Lee Aucoin, *Diseñadora de multimedia principal*
Torrey Maloof, *Editora*
Diana Kenney, M.A.Ed., NBCT, *Editora asociada de educación*
Marissa Rodriguez, *Diseñadora*
Stephanie Reid, *Photo Editora*
Traducción de Santiago Ochoa
Rachelle Cracchiolo, M.S.Ed., *Editora comercial*

Créditos de imágenes: Tapa & pág. 1 Shutterstock; Back Cover Diana Kenney; pág. 20 Alamy; pág. 8 (derecha) Diana Kenney; pág. 7 (arriba) Maribel Rendon; págs. 12, 15, 17, 21 Getty Images; pág. 8 (izquierda) The Granger Collection, New York; pág. 7 (abajo) iStockphoto; pág. 4 The Library of Congress [LC-USW3-016694-C]; pág. 14 The Library of Congress [LC-USZ62-123735]; pág. 16 The Library of Congress [LC-USF34-056964-D]; pág. 18 The Library of Congress [LC-DIG-ppmsca-09452]; pág. 24 The Library of Congress [LC-USF34-056964-D]; pág. 6 Joey Rice; págs. 19 ThinkStock; todas las demás imágenes de Shutterstock.

Teacher Created Materials
5301 Oceanus Drive
Huntington Beach, CA 92649-1030
http://www.tcmpub.com

ISBN 978-1-4938-0482-5

Printed in China 51497

Índice

Las familias

¡Las familias son maravillosas! Es probable que no todas se vean igual. Pero todos sus miembros se aman unos a otros.

Esta es una foto familiar de 1942.

Todos los tamaños

Algunas familias son grandes. Tienen muchas personas. Otras familias son pequeñas.

Esta es una foto de una familia de hoy.

Un pasado compartido

Cada familia tiene un pasado. Las fotos ayudan a saber sobre el pasado. Los dibujos e historias también ayudan.

Este dibujo es de una boda.

La primera foto

La primera foto a color fue tomada en 1861.

Las fotos a color son mejores cada año.

Los objetos también hablan de una familia. Nos hablan acerca de partes de la vida de una familia. Nos ayudan a conocer el pasado.

Muchas personas conservan libros de bebés y juguetes especiales.

Un pedazo de historia

Una **reliquia familiar** es un objeto. Una familia lo conserva durante muchos años. Las personas mayores de una familia se la dan a las más jóvenes.

Un reloj de bolsillo o un collar pueden ser una reliquia familiar.

Una cultura compartida

Cada familia tiene una **cultura**. La *cultura* es la forma en que piensa y vive la gente. Incluye las **tradiciones**, o cosas que hacen todo el tiempo.

El Diwali es una tradición hindú. Es el Festival de las Luces.

Quítate los zapatos

En algunas culturas, las familias se quitan los zapatos antes de entrar a una casa. Esto ayuda a mantener la casa limpia.

Tiempo de celebrar

Una **celebración** es una fiesta. Las familias tienen muchas celebraciones. Pueden celebrar **días festivos**. Pueden celebrarse unos a otros.

Una familia celebra un cumpleaños en 1949.

Una familia celebra un cumpleaños hoy.

Tiempo de compartir

Cada familia comparte. Comparte **responsabilidades**. Sus miembros se cuidan unos a otros.

Una niña ayuda a su madre a lavar ropa en 1870.

Un niño ayuda a su papá a lavar ropa hoy.

Las familias también comparten su tiempo. Sus miembros comen juntos. Se van de viaje. Se divierten.

Esta familia hace un picnic en la playa en 1941.

Viajes por carretera

Algunas familias hacen viajes largos en sus autos. A veces los llaman *viajes por carretera*.

Esta familia hace un viaje por carretera hoy.

¡Las familias son divertidas!

Las familias son divertidas. Comparten un pasado. Sus miembros trabajan juntos. Se aman unos a otros.

Una familia posa para una foto en 1958.

Esta familia comparte un día divertido en el parque.

¡Juega!

Planea una noche para jugar en familia. Escoge un juego que te gustaría jugar y di las reglas a tus familiares. Haz que te enseñen juegos que a ellos les guste jugar. ¡Pasa una noche divertida en familia!

Esta familia juega un juego de mesa hace mucho tiempo.

Esta familia juega un juego de mesa hoy.

Glosario

celebración: una fiesta por un día especial

cultura: la forma en que piensa y vive la gente

días festivos: días especiales para celebrar

reliquia familiar: un objeto que las personas mayores de una familia pasan a las más jóvenes

responsabilidades: tareas que tienes que hacer

tradiciones: formas de hacer las cosas todo el tiempo

Índice analítico

¡Tu turno!

Mi familia

¡Todas las familias son especiales! Esta es una foto de una familia de hace mucho tiempo. ¿En qué sentido tu familia es igual? ¿En qué sentido es diferente?